BEGE-RDC

Guide pratique de prévention

PLAN DE PREPARATION AU RISQUE D'INONDATION

Plan de Préparation au risque d'inondation

Publié en Juin 2021 par le Bureau d'Etude Géologique et Environnementale en RDC (BEGE-RDC) dans le cadre de son Programme de Sensibilisation sur les Risques Naturels en RDC (PSRN-RDC)

AVERTISSEMENT: le contenu de ce document n'engage pas les partenaires du BEGE-RDC ni les organisations dont il est membre

EDITEUR: Indépendant

EDITION: Juin 2021

PSRN-RDC: Le Programme de Sensibilisation sur les Risques Naturels en RDC est une initiative du BEGE-RDC visant à contribuer au développement de la culture du risque afin de réduire la vulnérabilité de la population face aux risques majeurs en RDC

BEGE-RDC: Le Bureau d'Etude Géologique et Environnementale en RDC (Environmental and Geological Consulting Office in DRC) est une organisation non gouvernementale, membre de la SDSN-Youth (UN Sustainable Development Solution Network Youth Initiative), ayant pour mission de contribuer à la gestion rationnelle des ressources naturelles et la protection de l'environnement en République Démocratique du Congo.

SOMMAIRE

1

Les concepts du risque

ALEAS

Probabilité d'occurrence d'un phénomène (un évènement potentiellement dangereux). Ici l'aléa c'est l'eau

ENJEUX

Un événement potentiellement dangereux, l'aléa n'est un risque que s'il s'applique à une zone où des enjeux humains, économiques ou environnementaux sont en présence (vulnérabilité).
L'enjeux correspond aux personnes, équipements, et/ou environnement susceptibles de subir les conséquences de l'évènement. Ici, les enjeux sont les
habitations et la population

RISQUE

Le risque est le produit de l'aléa par la vulnérabilité. Ici, le risque est la submersion marine.

INONDATION

Elle correspond à une submersion temporaire, par l'eau, de terres qui ne sont pas submergées en temps normal. Cette notion recouvre les inondations dues aux crues des rivières, des torrents de montagne et des cours d'eau intermittents ainsi que les inondations dues à la mer dans les zones côtières mais aussi à l'accumulation des eaux de pluie qui restent à la surface.

TYPES D'INONDATIONS

Inondation par débordement direct : Le cours d'eau sort de
son lit mineur pour occuper son lit majeure.

Inondation par débordement indirect : Les eaux remontent
(syphonage) par les nappes alluviales, les réseaux
d'assainissement, d'eaux pluviales.

Inondation par stagnation d'eaux pluviales : Liée à une
capacité insuffisante d'infiltration, d'évacuation des sols ou du
réseau d'eaux pluviales lors de pluies anormales.

Inondation par ruissellement en secteur urbain en secteur
urbain.

Inondation par crues torrentielles : Ce phénomène se
rencontre dans les zones montagneuses, mais aussi sur des
rivières alimentées par des pluies de grande intensité.

Inondation par submersion de zones littorales (ou lacustres) :
Phénomène liée à la présence de facteurs anormaux (fortes
marées, marées de tempête, raz-de-marée).

Inondation par dépressions tropicales et cyclones avec des
précipitations pouvant atteindre jusqu'à 2000 mm en 24
heures et conduisant à des crues soudaines et violentes.

Inondation par destruction d'ouvrages (digues, barrages, levées)

FACTEURS AGGRAVANT

En zone inondable, le développement urbain et économique constitue l'un des principaux facteurs aggravants, par augmentation de la vulnérabilité.

De plus les aménagements (activités, réseaux d'infrastructures) modifient les conditions d'écoulement (imperméabilisation), tout en diminuant les zones d'expansions de crues.

Les aménagements (ponts, enrochement) et le défaut d'entretien des berges et du lit de la part des riverains aggravent l'aléa.

Enfin l'occupation des zones inondables par les bâtiments et matériaux peut générer, en cas de crue, un transport et dépôt des produits indésirables, susceptibles de former des embâcles. Leur rupture peut engendrer une inondation brutale des zones situées en aval.

Certains facteurs aggravent l'importance des inondations comme sur les le déboisement (parfois provoqué par les feux de forêts), la modification des écoulements agricoles, la suppression des haies, l'imperméabilisation des sols (routes, parkings...) sont autant de facteurs qui empêchent la pénétration des eaux dans le sol et qui aggravent ou provoquent des inondations, et spécialement des crues torrentielles ou des crues subites (flash floods)

2

Avant une inondation

Avant une inondation

Que faire avant une inondation?

Eviter de construire dans les plaines inondables à moins de construire des bâtiments surélevés

Construisez des barrières pour empêcher l'eau d'inondation d'atteindre votre habitation

Préparer un kit d'urgence et élaborer un plan de communication

Contactez les géologues pour déterminer si votre maison est localisée dans une zone inondable et éviter de construire dans des nouvelles maisons dans les zones inondables

S'informer sur le plan communautaire d'urgence, les signaux de prévention, les routes d'évacuation et la localisation des points de rassemblement

Planifier et mettre en pratique un plan de communication en cas d'urgence avec les membres de votre famille.

Avant une inondation

Acheter et installer des pompes au cas où vous vivez dans des zones inondables

Vérifier l'étanchéité de vos murs pour éviter les infiltrations et obstruez toutes les ouvertures basse de votre domicile

Surélevez et protéger vos équipements électriques

Couper l'électricité

Éviter de mettre les installations de valeur au sous-sol ou rez-de-chaussée (électroménager lourd, chaudière…)

Entreposer hors du niveau inondable, vos biens irremplaçables et vos produits chimiques

Effectuer des travaux pour réduire la vulnérabilité de votre habitat (choix de matériaux, rehausse permanente des équipements sensibles…)

3

Pendant une inondation

Pendant une inondation

Procurez-vous de votre kit d'urgence et mettez en application votre plan de communication

Ecouter les informations à la radio

Soyez prêt à évacuer le lieu et suivez les instructions des autorités locales

Si les autorités locales vous ordonnent d'évacuer le lieu, n'ignorez pas cet ordre d'évacuation, prenez uniquement les objets essentiels, votre kit d'urgence et votre plan de communication.

Si vous avez le temps, couper l'électricité et déconnecter les appareils pour éviter les chocs lors de la restauration du courant électrique.

Pendant une inondation

Fermer les portes, fenêtres, soupiraux et aérations

Coupez le gaz et l'Électricité

Montez à l'étage et en cas de pluies torrentielles, gagnez les
plus vite les zones en hauteur

N'allez pas dans les zones inondées

Ne roulez pas dans les zones inondées

N'utilisez pas votre véhicule pour vous déplacer.

Restez chez vous et montez à l'étage si nécessaire.

Soyez prêt à quitter votre domicile si vous en recevez l'ordre
et suivez les consignes qui vous seront données par les
autorités locales

Avertissez les secours en cas de danger physique immédiat

Ne vous déplacez pas dans les courants d'eaux

4

Après une inondation

Après une inondation

Que faire après une inondation?

Eloignez-vous des infrastructures endommagées

Retournez dans votre habitation uniquement lorsque les autorités locales assurent que c'est sans danger

Ecoutez les informations pour s'assurer que l'eau approvisionnée dans votre milieu est potable

Eviter les eaux d'inondations car elles peuvent être contaminées ou elles peuvent être chargée électriquement par les lignes électriques souterraines

Après une inondation

**Que faire
après une
inondation?**

Eviter les courants d'eaux

Eloignez-vous des câbles électriques endommagés

Restez en dehors des habitations submergées par les eaux d'inondations

Soyez prudent lorsque vous entrez dans des habitations par ce qu'il peut y avoir des damages cachées, particulièrement au niveau des fondations

Nettoyez rapidement

Aérez, désinfecter et chauffez votre habitation dès que possible

Photographiez les dégâts et contactez immédiatement votre service d'assurance

5

Fiches thématiques pour élaborer un plan

Chaque membre de la famille doit avoir une copie de ce plan et doit le garder en lieu sûr.

PLAN FAMILIAL

Nom de la personne à contacter en cas d'urgence	
Numéro de téléphone	
Adresse	
Place de rassemblement dans le voisinage	
Numéro de téléphone	
Adresse	
Lieu d'évacuation	
Numéro de téléphone	
Adresse	
Contact en dehors de la ville	
Numéro de téléphone	
Adresse	
Autres informations utiles	

PLAN DE COMMUNICATION POUR LES ENFANTS

Adresse	
Parent	
Téléphone	
Voisin	
Adresse	
Téléphone	
Adresse	
Parent	
Téléphone	
Voisin	
Adresse	
Téléphone	

Adresse	
Parent	
Téléphone	
Voisin	
Adresse	
Téléphone	

PLAN DE COMMUNICATION POUR LES ENFANTS

Adresse	
Parent	
Téléphone	
Voisin	
Adresse	
Téléphone	

Adresse	
Parent	
Téléphone	
Voisin	
Adresse	
Téléphone	

Adresse	
Parent	
Téléphone	
Voisin	
Adresse	
Téléphone	

INFORMATION SUR LES MEMBRES DE LA FAMILLE

Noms	
Numéros de sécurité sociale	
Date de naissance	
Numéros de téléphone	
Adresse du lieu de travail/école	
Lieu d'évacuation	
Information médicale importante	

Noms	
Numéros de sécurité sociale	
Date de naissance	
Numéros de téléphone	
Adresse du lieu de travail/école	
Lieu d'évacuation	
Information médicale importante	

Noms	
Numéros de sécurité sociale	
Date de naissance	
Numéros de téléphone	
Adresse du lieu de travail/école	
Lieu d'évacuation	
Information médicale importante	

INFORMATION SUR LES MEMBRES DE LA FAMILLE

Noms	
Numéros de sécurité sociale	
Date de naissance	
Numéros de téléphone	
Adresse du lieu de travail/école	
Lieu d'évacuation	
Information médicale importante	

Noms	
Numéros de sécurité sociale	
Date de naissance	
Numéros de téléphone	
Adresse du lieu de travail/école	
Lieu d'évacuation	
Information médicale importante	

Noms	
Numéros de sécurité sociale	
Date de naissance	
Numéros de téléphone	
Adresse du lieu de travail/école	
Lieu d'évacuation	
Information médicale importante	

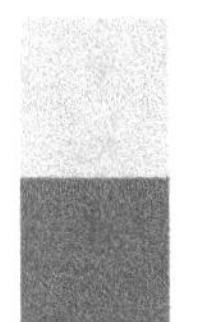

INFORMATION SUR LES MEMBRES DE LA FAMILLE

Noms	
Numéros de sécurité sociale	
Date de naissance	
Numéros de téléphone	
Adresse du lieu de travail/école	
Lieu d'évacuation	
Information médicale importante	

Noms	
Numéros de sécurité sociale	
Date de naissance	
Numéros de téléphone	
Adresse du lieu de travail/école	
Lieu d'évacuation	
Information médicale importante	

Noms	
Numéros de sécurité sociale	
Date de naissance	
Numéros de téléphone	
Adresse du lieu de travail/école	
Lieu d'évacuation	
Information médicale importante	

INFORMATION SUR LES MEMBRES DE LA FAMILLE

Noms	
Numéros de sécurité sociale	
Date de naissance	
Numéros de téléphone	
Adresse du lieu de travail/école	
Lieu d'évacuation	
Information médicale importante	

Noms	
Numéros de sécurité sociale	
Date de naissance	
Numéros de téléphone	
Adresse du lieu de travail/école	
Lieu d'évacuation	
Information médicale importante	

Noms	
Numéros de sécurité sociale	
Date de naissance	
Numéros de téléphone	
Adresse du lieu de travail/école	
Lieu d'évacuation	
Information médicale importante	

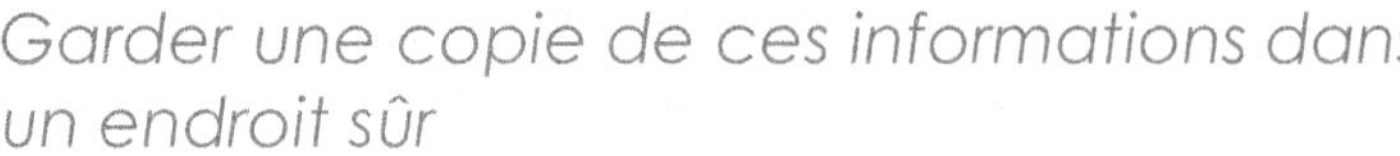

INFORMATIONS SUR L'ECOLE

Ecole	
Adresse	
Téléphone	
Facebook	
Twiter	
Lieu d'évacuation	

Ecole	
Adresse	
Téléphone	
Facebook	
Twiter	
Lieu d'évacuation	

Ecole	
Adresse	
Téléphone	
Facebook	
Twiter	
Lieu d'évacuation	

Ecole	
Adresse	
Téléphone	
Facebook	
Twiter	
Lieu d'évacuation	

LES COORDONNEES UTILES

LES NUMEROS D'URGENCE	
SAPEURS POMPIERS :	
SAMU :	
POLICE ou GENDARMERIE :	
N° unique d'appel d'urgence :	
LES COORDONNEES UTILES	
MAIRIE :	
Relais de quartier :	
Service des Eaux :	
Assurance :	
Personnes et points familiaux de contacts:	
Médecin traitant :	
École(s) /Collèges/Lycée des enfants:	
Hôpital / Clinique :	
Autres numéros utiles :	
LES RADIOS A ECOUTER	Fréquences

CONTACT MÉDICAL ET INFORMATIONS SUR L'ASSURANCE

Docteur	
Adresse	
Téléphone	
Docteur	
Adresse	
Téléphone	

Pharmacien	
Adresse	
Téléphone	
Pharmacien	
Adresse	
Téléphone	

Vétérinaire	
Adresse	
Téléphone	
Vétérinaire	
Adresse	
Téléphone	

Assurance médical	
Téléphone	
N°	
Assurance de l'habitation	
Téléphone	
N°	

LES SERVICES UTILES

Sapeur-pompier	
Nom	
N° unique d'appel d'urgence :	
N° d'appel (bureau)	

Service Médical d'urgence	
Nom	
N° unique d'appel d'urgence :	
N° d'appel (bureau)	

HOPITAL	
Nom	
N° unique d'appel d'urgence :	
N° d'appel (bureau)	

Division de santé	
Nom	
N° unique d'appel d'urgence :	
N° d'appel (bureau)	

Sécurité civile	
Nom	
N° unique d'appel d'urgence :	
N° d'appel (bureau)	

LES SERVICES UTILES

Division de l'environnement	
Nom	
N° unique d'appel d'urgence :	
N° d'appel (bureau)	

Electricien	
Nom	
N° unique d'appel d'urgence :	
N° d'appel (bureau)	

Plombier	
Nom	
N° unique d'appel d'urgence :	
N° d'appel (bureau)	

Service de nettoyage	
Nom	
N° unique d'appel d'urgence :	
N° d'appel (bureau)	

MISE EN SECURITE DE L'HABITATION : EAU

Emplacement du robinet d'arrivée principal:	
Consignes d'arrêt :	
N° de téléphone des services de l'eau:	
(Photo/Croquis du robinet avec sens de fermeture...)	
Lieu de rangement de notre sac d'urgence :	

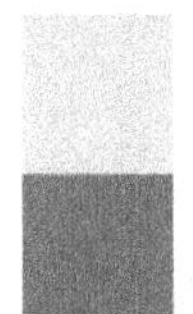

MISE EN SECURITE DE L'HABITATION : GAZ

Emplacement du robinet d'arrivée principal:	
Consignes d'arrêt :	
N° de téléphone d'urgence Gaz:	
(Photo/Croquis du robinet avec sens de fermeture...)	
Lieu de rangement de notre sac d'urgence :	

MISE EN SECURITE DE L'HABITATION : ELECTRICITE

Emplacement du disjoncteur:	
Consignes d'arrêt :	
N° de téléphone d'urgence électricité:	
(Photo/Croquis du robinet avec sens de fermeture...)	
Lieu de rangement de notre sac d'urgence :	

MISE A L'ABRIT

Face au (x) risque (s)	Lieu de mise à l'abri choisi	Les actions à réaliser avant de rejoindre le lieu choisi

EVACUATION

Face au(x) RISQUE(S)	Lieux d'évacuation	Les actions à réaliser avant de quitter mon domicile.
Itinéraire à emprunter :		
Itinéraire à emprunter :		
Itinéraire à emprunter :		
Itinéraire à emprunter :		

CHECK LISTE POUR LA CONSTITUTION D'UN KIT D'URGENCE

- Eau : 6 litres d'eau par personne
- Nourriture, au moins une provision de trois jours de nourriture non périssable consommant peu d'eau et n'ayant pas besoin d'être cuits (Exemples : conserves, fruits secs, barres énergétiques,
- petits pots pour bébé...).
- Batterie chargeable pour le poste radio
- Lampe torche et piles supplémentaire
- Un kit médical de premier secours
- Un sifflet pour signaler en cas de besoin d'aide
- Papier hygiénique et produits d'hygiène personnelle pour toute la famille
- Cache nez ou masque en coton
- Gilet réflecteur
- Couverture et sac de couchage
- Vêtements et chaussures de rechanges
- Lunette de protection
- Des ustensiles de base: couteau de poche multifonction, ustensiles de camping, bougies avec allumettes ou briquet..
- Une radio
- Les médicaments spécifiques
- Un téléphone portable avec une batterie chargée
- Un Chéquier ou carte bancaire
- Désinfectant
- Une tente
- Des copies des documents familiaux importants

L'inondation peut être un phénomène régulier ou catastrophique et peut se produire lentement ou très rapidement. Pour ne pas être pris au dépourvu, lors qu'il y a une inondation, il est essentiel d'avoir des connaissances spécifiques sur les consignes à respecter avant, pendant et après ce risque, de développer un plan de sûreté, de préparer un kit d'urgence et de mettre en application votre plan.

Ce guide comprend:

•Les concepts généraux et illustrations pour mieux comprendre les risques liés aux inondations

•Les consignes à respecter avant, pendant et après une inondation

•Des fiches thématiques à compléter pour mieux élaborer votre Plan Familial de Mise en Sûreté (PFMS)

•Un check liste des éléments à mettre dans le kit d'urgence

Ce guide a été conçu afin de faciliter la préparation au risque d'inondation.

www.ingramcontent.com/pod-product-compliance
Lightning Source LLC
Chambersburg PA
CBHW061546250726
48657CB00006B/2313